AF586656

TYRCIS ET DORISTÉE,

PASTORALE, *PARODIE* D'ACIS ET GALATÉE.

REPRESENTÉE POUR LA PREMIERE fois, par les COMÉDIENS ITALIENS ordinaires du Roi, le Lundi 4 Septembre 1752.

Prix 30 sols, avec les airs notés.

A PARIS,

Chez { La Veuve DELORMEL, & Fils, rue du Foin, à l'Image Sainte Geneviéve. Et PRAULT Fils, Quai de Conti.

M. D. CC. LII.

AVEC PERMISSION.

Duchesne

ACTEURS.

TYRCIS, *Berger*,	Mme. Favart.
DORISTÉE,	Mlle. Aſtraudi.
COLINET, *Berger*,	M^r^. Chanville.
BABET,	Mlle. Aſtraudi, c.
HORIPHESME, *Maître de Forges*,	M^r^. Rochard.
M^r^. GUILLAUME, *Opérateur*,	M^r^. Carlin.

BERGERS & BERGERES.

FORGERONS.

PÉCHEURS & PÉCHEUSES.

TYRCIS ET DORISTÉE,

PASTORALE.

Le Théâtre représente un Paysage agréable ; on voit d'un côté des Forges au pied d'une Montagne ; de l'autre côté est une Prairie coupée par une Riviere.

SCENE PREMIERE.

TYRCIS *seul.*

No 1. Air : *De la Serva Padrona.*

Aresseuse Aurore,
Tu ne parois point encore ;
Plein d'un feu qui me dévore,
Je devance ton réveil :
Tout dans cet azile,
Est encor tranquile,

Et mes yeux seuls sont privés du someil ;
Viens, viens & raméne
Dans la plaine
L'inhumaine
Qui fait par ses rigueurs
Couler mes pleurs.

Paresseuse Aurore,
Qui t'arrête encore ?
Du jeune objet que j'adore,
Tu crains les naissans appas.
Verse des larmes,
Voile tes charmes,
Dors, dors ne te montre pas ;
La beauté que j'aime,
Bien-tôt elle même,
Va faire en ce séjour
Briller le jour.
Dors, dors, ces feuillages,
Ces boccages,
Ces rivages,
A ses yeux vont s'embellir ;
Tout va fleurir.

SCENE II.

TYRCIS, COLINET *sans être vû de Tyrcis.*

COLINET.

Air : *Pinlorelobinet.*

QUe le son de mon flageolet,
Pinbiberlo, pinlorelobinet,

Attire la jeune Babet,
Pinberli, pinberlo, pinlorelobinet.
Il joue le refrein sur son flageolet.

TYRCIS.

Air : *L'Amour me fait lon lan la.*

Déja Colinet chante,
Avant l'aube du jour !
Sans que rien le tourmente,
Il se livre à l'amour ;
Moi, je ne fais que languir,
Et je me sens mourir.

COLINET *sans être vû.*

Air : *Pinlorelobinet.*

Reveille toi charmant objet,
Pinbiberlo, pinlorelobinet,
Viens danser avec Colinet
Pinberli, pinberlo, pinlorelobinet.
Il joue le refrain sur son flageolet.

TYRCIS.

Air : *J'ai passé deux jours sans vous voir.*

D'un foible jour, les premiers traits
Ont pénetré les ombres,
La nuit va fuir dans nos forêts,
Nos plaines sont moins sombres ;
Mais en ces lieux, si je ne voi
Mon Ingrate paroître,
Ah ! ce n'est point encor pour moi
Que le jour va renaître.

COLINET *paroît en jouant le refrain de Pinlorelobinet.*

Air : *Castagno, castagna.*

Pour donner à Babet
Une Fauvette,
J'ai tendu mon filet
Sous la coudrette ;
Bientôt par cette adresse,
Quelqu'oiseau s'attrapera;
Au piége qu'Amour dresse ;
Babet ainsi se prendra ?
La la fa la la la, &c.

Air : *Eh, drû, drû, drû.*

Quoi si matin le beau Tyrcis,
A la puce à l'oreille !

TYRCIS.

Quand on a d'amoureux soucis,
Rarement on someille.

COLINET.

Je plains ton sort ;
Moi, le chagrin m'endort
Et le plaisir m'éveille.

TYRCIS.

Air : *C'est la chose impossible.*

Rien ne peut vaincre la rigueur
De l'inhumaine Doristée,

COLINET.

Si tu peignois bien ton ardeur,
La ſienne ſeroit excitée.

TYRCIS.

Jamais l'amour ne l'enflâma.

COLINET.

A ſeize ans filette inſenſible !
C'eſt la la la la la la la la,
C'eſt la choſe impoſſible.

Air : *Que faites vous Marguerite.*

Si ſa froideur te déſole,
Ailleurs engage ta foy :
Moi, de tout je me conſole,
Et rien ne me fait la loi.

Air : *Si dans le mal qui me poſſede.*

Lorſque je veux planter un arbre,
S'il ſe trouve en terre un rocher,
Un peu plus loin je vais bêcher :
En amour, quand un cœur de marbre
Pour s'attendrir veut trop de ſoin,
Morgué, je vais aimer plus loin.

TYRCIS.

No. 2. Air : *De Madame Favart.*

J'ai tenté mille fois, hélas !
De rompre mes chaînes cruelles,
Comme un oiſeau qui bat des aîles,
Quand il ſe ſent pris dans des las :

Il met en vain tout en usage,
Pour recouvrer sa liberté,
Par ses efforts, il serre davantage,
Le nœud qui le tient arrêté.

COLINET.

Air *Une jeune Bergere.*

Gémis donc sous ta chaîne,
Comme un timide amant,
Sois toujours à la gêne.

TYRCIS.

Dieux ! quel est mon tourment !

COLINET.

C'est toi seul qui le causes,
Tu n'as rien, si tu n'oses,
L'amour doit tout risquer :
Qui craint de se piquer
Ne cueille point de roses.

TYRCIS.

Air : *Tout roule aujourd'hui dans le monde.*

Doristée est riche héritiere,
Je ne suis qu'un simple Pasteur.

COLINET.

Je sçai qu'elle a lieu d'être fiére,
Son pere est un Maître Pêcheur ;
Mais contentement vaut richesse,
L'amour sçait il le prix de l'or?
Un cœur offert par la jeunesse,
Pour une belle est un trésor.

PARODIE.

TYRCIS.

Air : *Oh, oh, ah, ah, Eh pourquoi donc.*

Un jour mon feu ſincere
A ſes yeux éclata :
Je fus trop téméraire,
Elle s'en irrita,

COLINET.

Oh, oh ! ah ! ah,
Eh, dis moi donc, comment cela ?

TYRCIS.

Air : *La nuit dans les bras du repos.*

Sur le gazon, cette beauté
Dormoit ſous un feuillage ſombre,
Où le jour de la volupté
Sembloit badiner avec l'ombre ;
J'avois connu des amans,
Sans me croire encor du nombre,
Mais mon cœur en ces momens,
S'ouvrit aux traits les plus charmans.

Air : *Dans un détour.*

Mes ſens émus,
Goûtoient des plaiſirs inconnus ;
A pas ſuſpendus,
Je m'avançois. . . .

COLINET.

Bon début,
Chût.

TYRCIS.

Quel attrait m'engageoit !
Un mouchoir importun voltigeoit.
Trop d'ardeur m'emportoit,
Trop de crainte aussi-tôt m'arrêtoit.

COLINET.

Air : *Est-il de plus douces odeurs.*

Palsangué, ton récit, cousin,
Echauffe ma pensée.
Poursuis mon cher.

TYRCIS.

J'avois la main ;
Contre mon sein pressée,
Je croyois arrêter mon cœur,
Qui s'agittoit sans cesse,
Et s'élancoit avec ardeur
Vers ma chere maîtresse.

Air : *Le langage des soupirs.*

Je craignois que le Zéphir,
N'éveillât mon inhumaine,
Je n'osois faire un soupir,
Mon ame étoit incertaine,
Je sentois de veine en veine
Couler le feu du désir ;
Je respirois avec peine,
J'avois peur que mon haleine,
N'éfarouchât le plaisir.

COLINET.

Air : *La Confession*

Tu devins alors un téméraire,
Répons moi compere ?

TYRCIS.

Tout charmoit mes ſens,
De ſon tein la fleur printanniere,
Ses attraits naiſſans. . . .

COLINET.

Tyrcis, admiras-tu long-tems ?

TYRCIS.

Air : *De Juſtine.*

Je ne ſçavois quel déſir
En moi l'amour faiſoit naître ;
Mais mon cœur ne fut plus maître
De retenir un ſoupir :
O ! bonheur trop peu durable !
Ce ſoupir l'éveille, ô Dieux !
D'un regard elle m'accable,
Et diſparoît à mes yeux.

COLINET.

Air : *Ah ! quel dommage Martin.*

Ah ! quel dommage !

TYRCIS.

Mon amour
Depuis ce jour
La rend plus ſauvage.

COLINET.

Air : *Trémouſſons-nous donc.*

A ce tendron donne une fête,
Pour toi je cours arranger çà,
J'en ai toujours quelqu'une prête,
Morgué c'eſt pis qu'un Opéra.
C'eſt le plaiſir qui prend les belles,
En dépit de la raiſon,
Il n'eſt point pour lui de cruelles,
Tré, tré, trémouſſons-nous donc. *bis.*

Il ſort en répétant le refrain.

SCENE III.

TYRCIS.

Air : *La mort de mon cher pere.*

MA chere Doriſtée,
Je t'attens en ces lieux;
Et mon ame attriſtée,
Languit loin de tes yeux:
Si ma voix qui t'implore
Ne ſçauroit t'attirer,
Des fleurs qui vont éclore,
Viens ici te parer.

Même air.

Meſſagers de l'Aurore,
Roſſignols amoureux,
La beauté que j'adore,
Va redoubler vos feux :
Sur ces charmans rivages,
La voilà de retour;
Animez vos ramages,
Pour annoncer le jour.

Même air.

A l'objet qui m'engage,
Peignez vos doux plaiſirs,
Que votre badinage,
Excite ſes ſoupirs;

Parlez-lui de ma flâme,
Tourtereaux gémissans,
Pour attendrir son âme
Prêtez moi vos accens.

SCENE IV.

DORISTE'E, TYRCIS.

DORISTE'E *cachant le plaisir qu'elle a de voir* TIRCIS; *feint de chercher sa compagne.*

Air: *Eh gai, gai, gai, comme il y va.*

MA compagne la plus chérie
Devroit être en ce séjour.
Tyrcis, est elle à la prairie?

TYRCIS.

Ces lieux sont faits pour l'amour:
Brunette, n'est-il pas plus charmant
D'y rencontrer un amant
Qu'une amie?

DORISTE'E *agitée.*

Air: *Je reviens cent fois plus amoureux.*

Ici, je m'attendois à la voir.

TYRCIS.

Votre cœur paroît s'émouvoir:

DORISTE'E.

C'eſt l'effet de la tendre amitié,
Dont mon cœur au ſien eſt lié.

TYRCIS.

A des ſoins, des tranſports ſi doux,
Si l'amitié peut prétendre ;
Ma chere que réſervez vous
A l'amour le plus tendre ?

DORISTE'E.

Air : *Petits Moutons*, &c.

Laiſſez-moi chercher ma compagne.
à part. Ah ! Tyrcis prend trop de pouvoir.

TYRCIS.

Que du moins, je vous accompagne.

DORISTE'E.

Mais, Berger, quel eſt votre eſpoir ?

TYRCIS.

Air : *L'Aveugle, Enfant.*

Un papillon que la lumiere attire,
Vôle à l'entour au hazard d'y périr ;
Ainſi mon cœur, par un ſecret empire,
A ſon penchant eſt forcé d'obéir,
A ſon tourment eſt contraint de courir.

DORISTE'E.

Air : *A peine ai-je quitté l'enfance.*

Ceſſez votre plainte importune,
Tyrcis, ne ſuivez plus mes pas.

TYRCIS.

Non, non, malgré mon infortune,
Je vous suivrai jusqu'au trépas.

DORISTÉE.

Berger, votre audace m'étonne.

TYRCIS.

Hélas !

DORISTÉE.

Vous osez m'arrêter !

TYRCIS.

Cruelle !

DORISTÉE.

C'est trop m'irriter.
à part. Ah ! tout bas mon cœur lui pardonne.

TYRCIS.

Air : *Tyrcis disoit à sa Bergere.*

Si trop d'amour devient un crime,
Votre courroux est legitime,
Rien n'égale mon ardeur.
Ce langage vous effarouche ?
Est-on maître de sa bouche,
Quand on ne l'est pas de son cœur ?

DORISTÉE.

Air : *L'autre nuit j'apperçûs en songe.*

Contraignez vos feux pour vous-même.
Hélas ! un rival odieux
Avec soin m'observe en tous lieux.

TYRCIS.

TYRCIS.

Un rival ?

DORISTE'E.

Oui, c'eſt Horiphême.

TYRCIS.

O Ciel !

DORISTE'E.

Il a déja ſur vous,
Jetté plus d'un regard jaloux.

Air : *Bouchez Nayades vos Fontaines.*

Ces forges ſont ſous ſa puiſſance,
Et tout fier de ſon opulence,
Il croit commander à l'Amour ;
Mais autant de haîne il m'inſpire,
Que je ſens... ah ! ſi j'aime un jour...

TYRCIS.

Achevez.

DORISTE'E.

C'eſt trop vous en dire.

(*La ſimphonie joue l'air, par un matin Liſette ſe leva.*)

Air : *Ah ! vraiment je m'y connois bien.*

Quels ſons ici ſe font entendre ?

TYRCIS.

Unis par l'amour le plus tendre,
Des amans vont chanter leurs nœuds,
Daignez prendre part à leurs jeux.

SCENE V.

COLINET & BABET, *à la tête d'une Troupe de* PAYSANS *& de* BERGERS, TYRCIS & DORISTE'E.

COLINET *à sa suite.*

Air : *Par un matin Lisette se leva.*

BErgers heureux
Venez chanter vos feux,
A nos plaisirs l'amour présidera,
Ta la la la, &c.

On danse.

VAUDEVILLE.

COLINET *jouant du flageolet.*

Ier. *Couplet.*

Quand Silvandre parle à Témire,
Il soupire,
Il est tout défait;
Mais pour moi, quand l'amour m'inspire,
J'aime à rire,
Je suis guilleret !
Je trouve ainsi le secret
De faire danser Babet,
Au doux son de mon flageolet,
Il joue.
De mon flageolet.

IIe. *Le même.*

Tous les soirs le Berger Tymandre,
Va se rendre,
Dans un verd bosquet;
Mais il n'y va que pour entendre
La voix tendre
Du Rossignolet;
Moi je suis plus satisfait,
Car j'y fais danser Babet,
Au doux son de mon flageolet,
Il joue.
De mon flageolet.

IIIe. BABET.

Tout est simple dans cet azile,
A la Ville
On à l'air coquet;
Un Petit-Maître d'un air fade,
Fait parade,
D'un joli caquet;
Sans rien dire, Colinet,
Sçait faire danser Babet,
Au doux son de son flageolet,
Colinet joue.
De son flageolet.

IVe. COLINET.

Je n'ai point un riche héritage;
Mon partage,
N'est qu'un jardinet;
Les Messieurs font de grands étalages
D'équipages,
Qu'est-c'que tout ça fait?
Je suis bien plus satisfait,

Quand je fais danſer Babet,
Au doux ſon de mon flageolet,
Il joue.
De mon flageolet.

Ve. BABET.

Un Monſieur veut m'faire grand Dame;
Mais tredame,
J'li répons tout net:
Vos atours n'ont rien qui me tente,
Je m' contente
De mon bavolet,
Et j'ons le cœur ſatisfait,
Quand j'danſe avec Colinet,
Au doux ſon de ſon flageolet,
Colinet joue.
De ſon flageolet.

On danſe ſur le même air.

COLINET.

Air : *Ah ah, venez-y toutes.*

Le maître de la forge,
Prend vers nous ſon chemin,
Tiquetin,
De joye il ſe rengorge,
Quand il cauſe du train,
Tiquetaque tiquetin.

CHŒUR *s'enfuyant.*

Ah, ah, ah, ſauvons nous vîte.

DORISTE'E *à Tyrcis.*

Voyez comme chacun l'évite,
Fuyez ce mutin.

Ils ſe retirent avec précipitation.

SCENE VI.

HORIPHESME.

Air : *Marche de Lowendal.*

CEs Bergers trop heureux
Ont ceſſé leurs jeux,
Je ne les vois plus,
Que ſont-ils devenus ?
L'objet de mes déſirs
Ecoutoit leurs ſoûpirs,
Et partageoit leurs plaiſirs :
Si quelqu'audacieux
Plaiſoit à ſes yeux.....
Tous ces vils Paſteurs
Vont ſentir mes fureurs ;
Courons les chercher ;
Penſent-ils ſe cacher ?
Rien n'échappe à mon courroux
Jaloux,
Sous mes coups
Qu'ils tombent tous.

Air : *Réſonnez ma muſette.*

Mais je vois Doriſtée,
Quoi, mon ame irritée
Céde à ſes yeux puiſſans ?
Ils ont charmé mes ſens.

SCENE VII.

DORISTE'E, HORIPHESME.

DORISTE'E *à part.*

Air : *C'en est assez pour être heureux.*

EMployons une adroite feinte,
Tâchons de calmer sa fureur ;
Flattons, s'il le faut, son ardeur :
Tyrcis est l'objet de ma crainte.

HORIPHESME *à part.*

Quoi le trouble saisit mon cœur !
Approchons. . . .

DORISTE'E.

Dieux ! quelle contrainte.

HORIPHESME.

Parlons-lui, déclarons mes feux,
C'en est assez pour être heureux.

N°. 4. Air : *Qui tout de bon ! Eh mais Monsieur.*

Horiphesme t'aborde enfin,
Tu sçais que ta beauté le touche ;
Si ses yeux te l'ont dit envain,
Apprens-le de sa bouche.

DORISTE'E.

Quoi tout de bon ? Eh, mais, Monsieur,
C'est pour moy beaucoup d'honneur.

HORIPHESME.

Même air.

Ne me fuis plus avec rigueur,
Crain, si mon feu ne t'intéresse,
De voir succéder la fureur
A ma vive tendresse.

DORISTE'E *troublée.*

Quoi tout de bon ! Eh, mais, Monsieur...
C'est pour moi beaucoup d'honneur.

HORIPHESME.

No. 5. Air :

Mon cœur aussi dur qu'une enclûme,
S'amolit au feu de l'amour,
Ta beauté sans cesse l'allume,
Je n'ai trêve ni nuit ni jour ;
L'amour frappe à coups redoublés,
Tous mes sens sont troublés,
Mes esprits accablés,
D'une flâme que rien n'appaise ;
J'éprouve les cruels effets,
Ma poitrine est une fournaise,
Où l'amour forge ses traits.

DORISTE'E.

Air : *Babet que t'es gentille.*

Soyez moins agité,
Votre tourment m'afflige.

HORIPHESME.

Faut-il que ta beauté
A te chérir m'oblige ?
J'en ſuis furieux ;
Toujours dans tes yeux,
Un nouveau charme brille :
Quelquefois je crois te haïr ;
Mais je ſens mon cœur ſe trahir,
Et je dis avec un ſoupir :
Helas ! qu'elle eſt gentille. (*bis*)

DORISTE'E.

Air : *Sur la fiévre & ſur la migraine.*

La chûte d'un torrent qui gronde,
En roulant le ſable avec l'onde,
Peint de vos vœux l'emportement ;
Que j'aime un ruiſſeau, dont l'eau pure
Fait ſur les fleurs un doux murmure,
C'eſt l'image du ſentiment.

HORIPHESME.

Air : *Il ne faut qu'un coup de baguette.*

Eſt-ce par de frivolles ſoins,
Que l'on te marque ſa tendreſſe ?
Des Bergers la délicateſſe,
Dit beaucoup plus & prouve moins,
Que la vive ardeur qui me preſſe.

Air : *M. de Catinat.*

Comme un amant tranſi, t'offrirai-je des fleurs ?
Les roſes de ton tein ſurpaſſent leurs couleurs :

Dois-je des plus beaux fruits te faire des présens?
Ils n'ont point la rondeur de tes attraits naissans.

Air : *Ne vla t'il pas que j'aime.*

Il est un don plus précieux,
Qui prouve combien j'aime:
Que pourroit-on t'offrir de mieux?
Je me donne moi-même.

Air : *Le Démon malicieux & fin.*

L'autre jour dans le sein d'un ruisseau,
Je me vis & je me trouvai beau:
A travers la poussiere & le hâle,
Mes traits avoient je ne sçai quoi de doux;
Ce tein brun, ces soucils, cet air mâle,
Tout annonçoit un cœur digne de vous.

DORISTE'E.

Air : *Vaudeville d'Epicure.*

Je ne suis pas interessée.

HORIPHESME.

Que veux dire ce fiere souris?
D'un Berger l'audace insensée,
Sans doute cause ces mépris?
Si jamais....

DORISTE'E.

N'allez pas le croire.

HORIPHESME.

Daigne donc m'accorder ton cœur:
C'est trop disputer la victoire.

DORISTE'E.

On ne l'obtient que par douceur.

HORIPHESME.

Air : *Charivari* de Ragonde.

Je vais te donner une fête,
Mes Forgerons vont faire ici,
Charivari, charivari.

DORISTE'E.

Monſieur, vous êtes fort honnête.

HORIPHESME.

Je m'attens bien au grand merci,
Charivari, charivari.

(*à la can tonade.*)

Amis que l'on s'apprête,
Chantons tous à l'envi,
Charivari, charivari, charivari.

SCENE VIII.

DORISTÉE, HORIPHESME, FORGERONS.

Les forges s'ouvrent, on voit l'action de la flâme, des FORGERONS *descendent deux à deux, leurs marteaux sur l'épaule.*

HORIPHESME.

Air : *Les Forgerons de Cythere.*

AUx échos d'alentour
Annoncez mon hommage ;
Des troubles de l'amour
Que vos jeux soient l'image :
Frapez, frapez, frapez fort,
Pour l'objet qui m'engage ;
Frapez, frapez, frapez fort,
Et frapez d'accord.

CHŒUR.

Frappons, frappons, frappons fort,
Et frappons d'accord.

HORIPHESME.

Même air.

Tracez - nous un tableau
De mon âme agitée,

Et qu'au bruit du marteau
Ma Nymphe soit chantée :
Frapez, frapez, frapez fort,
Célébrez Doristée ;
Frapez, frapez, frapez fort,
Et frapez d'accord.

CHŒUR.

Frappons, &c.

Une partie des Forgerons dansent, tandis que les autres accompagnent la Simphonie en frapant de leurs marteaux sur des Enclumes.

UN FORGERON.

Air : La *sombre dondaine.*

Chantons à perdre haleine,

Avec le CHŒUR *qui bat en même-tems.*

Lassi lasson,
La sombredondaine,

SEUL.

Vive la Souveraine
De notre fier Daron.

Avec le CHŒUR.

Patati, pataton, patati, pataton,

SEUL.

Que ce couple charmant,
Patapan,
Va s'aimer chaudement
Amans, vivez sans gêne,

Avec le CHŒUR.

Lassi, lasson,

La sombredondaine.

SEUL.

Et de plaisirs sans peine,
Forgez-vous un chaînon.

Avec le CHŒUR.

Patati, pataton, patati, pataton.
On danse.

VAUDEVILLE.

N°. 5. Ier. FORGERON.

Veut-on former détroites chaînes,
Et qui puissent durer long-tems:
N'épargnez point, les soins, les peines,
Que vos feux soient toujours ardens:
Quand on travaille avec constance,
Un cœur d'acier ne fait plus résistance;
Mais saisissez l'instant qu'il faut,
Battez le fer, tôt tôt tôt tôt,
Battez le fer quand il est chaud.

CHŒUR.

Battons le fer, &c.

IIe. FORGERON.

Pour cacher une vive flâme,
Une Prude fait de son mieux;
Mais quand l'Amour échauffe une ame,
Son feu petille dans les yeux:
Dans les regards de votre belle,
Si du plaisir vous voyez l'étincelle,
Amans, voilà l'instant qu'il faut,
Battez le fer, &c.

CHŒUR.

Battons le fer, &c.

Ier. FORGERON.

Venez Amans à notre école,
Pour apprendre à forger des traits;
Nous n'avons point une ardeur folle,
Qui s'évapore sans succès;
Quand votre feu trop tôt s'allume,
Mal-à-propos souvent il se consûme,
Vous vous trouvez pris en défaut.
Battez le fer, &c.

CHŒUR.

Battons le fer, &c.

IIe. FORGERON.

Que de l'amour la flâme active,
S'entretienne par les soupirs,
Une faveur la rend plus vive,
Mais l'excès éteint les désirs,
Le feu s'attise avec les larmes,
Et dans les pleurs l'Amour trempe ses armes,
Selon le dégré qu'il lui faut:
Battez le fer, &c.

CHŒUR.

Battons le fer, &c.

On danse.

HORIPHESME, *aux Forgerons.*

Air: *Tarare ponpon.*

Le secours de vos jeux
Ne m'est plus nécessaire,

De l'objet de mes vœux,
J'attens un ſort heureux :
Mes ſoins ont dû lui plaire,
Ses ſens ſont agités,
C'eſt l'inſtant du myſtere,
Sortez.

SCENE IX.

DORISTÉE, HORIPHESME.

HORIPHESME.

Air : *Point de façon, mon aimable Brunette.*

POint de façon, ma chere Doriſtée,
De ma froideur vous ſeule triomphez,
Je ſuis tout de braiſe, & ma flâme excitée...

DORISTÉE.

Ah, ah, vous m'échauffez.

HORIPHESME.

Air : *Ah, Madame Anron.*

Ah, mon cher bijou,
J'en deviendrois fou,
Ne ſois plus tigreſſe.

DORISTE'E.

Air : *Ce n'est qu'à la délicatesse.*

Vous blessez ma délicatesse,
Par des transports pétulens ;
Pour faire naître ma tendresse,
Il faut des soins, il faut du tems.

HORIPHESME.

La longue attente est inutile.

DORISTE'E.

On sçait se faire d'heureux jours ;
Lorsque l'on file,
Lorsque l'on file ses amours.

HORIPHESME.

Air : *C'est ma devise.*

Je ne sçai languir
Ni gémir,
Quelle sottise !
C'est le désir
De nous unir,
Qui m'autorise.
Faut-il qu'en galant du Palais ;
Je te courtise ?
Moins de paroles, plus d'effets,
C'est ma devise.

Air : *De l'art séduisant de charmer.*

De l'art séduisant de charmer,

Qu'ai-je

Qu'ai-je beſoin Dieu de Cythere ?
J'ai le talent de bien aimer,
C'en eſt aſſez pour ſçavoir plaire.

Air : *On fait ce qu'on peut & non pas ce qu'on veut.*

Dis-moi ſi j'ai touché ton ame ?

DORISTÉE.

Jugez-en par mon embaras.

HORIPHESME.

Dès ce jour tu ſeras ma femme.

DORISTÉE.

Moi !

HORIPHESME.

Touche-là, ne tarde pas.

DORISTÉE.

Il faut parler à ma famille ;
Car je ne dépens pas de moi :
Mon pere eſt maître de ma foi,
Vous ſçavez que quand on eſt fille,
On fait ce qu'on peut,
Et non pas ce qu'on veut.

HORIPHESME.

Air : *Branle de Metz.*

C'eſt repondre en fille ſage,
Je vais agir à l'inſtant,

Votre pere eſt trop prudent,
Pour manquer ce mariage,
S'il mépriſoit mon ardeur, ...
Je n'en dis pas davantage,
S'il mépriſoit mon ardeur....
Je ſuis votre ſerviteur.

SCENE X.

DORISTE'E, TYRCIS.

TYRCIS.

Air : *Je ſuis un bon froteur.*

QUel tourment rigoureux!
Mon deſtin affreux,
Se déclare,
D'un rival trop heureux
Vous voyez les jeux,
Vous écoutez les vœux!
Quoi, ce barbare,
De votre cœur,
Seroit le Vainqueur!
D'un doux retour
Vous allez payer ſon amour.

DORISTE'E.

Air : *Dequoi vous plaignez-vous.*

Poſſédiez-vous mon cœur,
Pour avoir droit de vous plaindre?

Poſſédiez-vous mon cœur ?

TYRCIS.

Vous comblez mon malheur.
Je ne veux point vous contraindre,
Ni traverſer vos amours,
Mon ardeur va s'éteindre ;
Avec mes triſtes jours.

DORISTÉE.

Air : *A quoi s'occupe Madelon.*

O Ciel ! où voulez-vous courir ?

TYRCIS.

Je vais trouver Horiphême ;
Mais ce n'eſt point pour le punir,
Sous ſes coups je veux perir.

Air : *Mineur du précédent.*

Du moins gardez le ſouvenir
D'un amour qui fût extrême,
Et pardonnez moi ce déſir,
Juſqu'à mon dernier ſoupir.

DORISTÉE.

Air : *Je ſens mon cœur qui ſoupire.*

En déſarmant la jalouſie
D'un rival qui m'eſt odieux,
Pour toi ſeul j'ai craint ſa furie,
Tes jours me ſont trop précieux.

TYRCIS.

O Ciel !

DORISTE'E.

Je n'osois te le dire,
Ah ! crois-en ce cœur qui soupire.

TYRCIS.

Air : *Je veux chanter sur ma muzette.*

N'est-ce point une erreur extrême.

DORISTE'E, *à part.*

Il voit le trouble de mon cœur,
Il demande encor si je l'aime !

TYRCIS.

De sa fierté je suis vainqueur !

A Doristée.

Et vous vouliez avec rigueur,
Me cacher mon bonheur suprême.

DORISTE'E.

Avant de repondre à tes vœux ;
J'ai du m'assurer de tes feux.

Air : *Nous autres bons Villageois.*

On file avant d'être époux,
Le tissu de son esclavage ;
L'amant est rampant & doux,
Le ver à soye est son image :
Dans ses propres nœuds renfermé,

Il devient froid, inanimé;
Mais bientôt forçant sa prison;
Il s'envôle en papillon.

TYRCIS.

Air : *Les Bergers de notre Village.*

Dans ce cœur que tu fis éclore,
Toi seule allumas les désirs,
Et dans un âge où l'on s'ignore,
Pour toi je poussois des soupirs;
Mais ce tems n'étoit que l'aurore
De l'amour,
Et ma flâme s'augmente encore
Chaque jour.

ENSEMBLE.

Air : *Ce ruisseau qui dans la pleine.*

Pour s'aimer dès notre enfance,
Nos tendres cœurs étoient faits,
Une secrette puissance,
Formoit ces nœuds pleins d'attraits.

TYRCIS.	DORISTÉE.
Jamais, jamais Je n'ai connu l'inconstance,	Jamais, jamais Tu ne suivras l'inconstance,

ENSEMBLE.

Je ne changerai jamais.

DORISTÉE.

Air : *Ici l'on fait ce que l'on veut.*

Que l'hymen bientôt nous couronne,

Mon pere approuvera nos nœuds ;
Car il est si bonne personne ,
Que j'en fais tout ce que je veux.

TYRCIS.

Air : *Et j'y pris bien du plaisir.*

Mon ame suffit à peine ,
Pour sentir tout mon bonheur ;
Sur cette main que je prenne
Un gage de ton ardeur ;
Après un si long martyre ;
Tu te rends à mon désir !
Quel transport l'amour m'inspire !
Que j'éprouve de plaisir !

SCENE XI.

TYRCIS, DORISTE'E, HORIPHESME

HORIPHESME *sur la Montagne.*

Air : *Ingrate sans retour.*

QUe vois-je en ces lieux ?
O Dieux !
Mes vœux sont trahis
Et Tyrcis a le prix . . . .
Enfin je l'ai decouvert,
Ce Rival heureux qui me perd.

DORISTE'E.

Ciel ! qu'ai-je entendu ?

Que mon cœur eſt ému,
Ah ! tout eſt perdu,
Horiphême ta vu,
Fuyons le danger.

SCENE XII.

HORIPHESME.

Fin de l'air.

DE ce vil Berger,
A l'inſtant courons nous vanger,
Vainement il fuit,
Son malheur le ſuit,
L'Amour en fureur me conduit.

Air : *Jeanneton tout de bon.*

L'Imprudent revient ſur ſes pas,
Eſt-ce pour braver le trépas ?
Puniſſons le, ne tardons pas,
Prenons ma carabine,
Car la mort
Eſt le ſort
Que je lui deſtine.

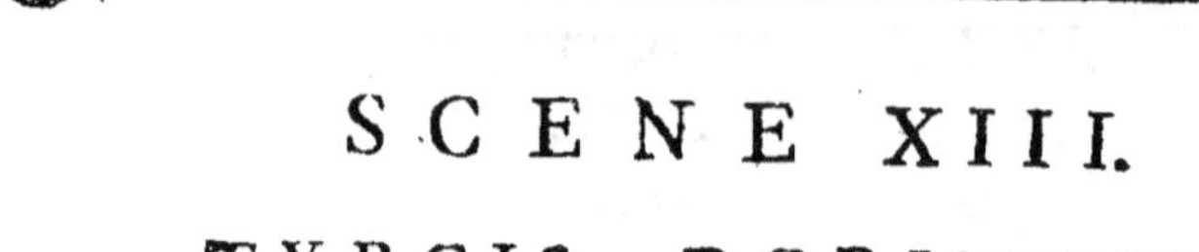

SCENE XIII.

TYRCIS, DORISTE'E.

TYRCIS.

Air : *Toujours ſeul diſoit Nina.*

LE trépas doit me ſembler doux,
Sans frayeur je m'y livre,
Puiſque que je ſuis aimé de vous.

DORISTE'E.

C'eſt alors qu'il faut vivre :
Cher Amant,
Agis ſenſément,
D'un jaloux
Fuyons le couroux,
Ah ! je l'entend.

Elle fuit.

SCENE XIV.

TYRCIS, HORIPHESME.

TYRCIS.

Suite de l'Air.

LA peur me prend.

HORIPHESME.

Meurs à l'inſtant
Inſolent.

Il tire.

TYRCIS.

Air : *Ne v'là-t'il pas que j'aime.*

Hélas, ne ſuis-je poins bleſſé ?
Ma Maîtreſſe me laiſſe,
De frayeur mon ſang eſt glacé
Et je tombe en foibleſſe.

HORIPHESME.

Air de Roland : *J'entens un bruit de Muſique Champêtre.*

Je vois tomber le rival qui m'outrage,
Je ſuis vengé, c'en eſt fait, il eſt mort.
Que l'Ingrate pleure ſon ſort ;
C'eſt un ſpectacle pour ma rage :
Je n'ai plus qu'un mépris ſauvage,
Pour mieux punir la perfide à ſon tour,
Pour j'amais j'éteins mon amour.

SCENE XV.

DORISTE'E, TYRCIS *évanoui.*

DORISTE'E.

Air : *Mon cher Colin qu'allez-vous faire.*

MOn cher Tyrcis tu peux paroître,
Notre jaloux quitte ces lieux,
Mon cher Tyrcis, où peut-il être ?
Quel endroit le cache à mes yeux ?

Air : *Plus inconſtant que l'onde & le nuage.*

Mais, je le vois, ô diſgrace cruelle !
Ai-je perdu l'objet de mon amour ?
Ah ! cette pâleur mortelle,
M'annonce un triſte retour,
Amant fidelle,
Tu perds le jour.
Malgré des nœuds ſi doux,
Le ſort barbare,
Nous ſépare !
Tyrcis, tu meurs ſans être mon époux.

Air : *Sur le bord d'un ruiſſeau.*

Amour viens r'allumer,
De ſes beaux jours la flâme ;
Prend pour le ranimer
La moitié de mon âme ;
Ou plutôt, toute entiere,

Reçois-là, cher Tyrcis,
Et revois la lumiere,
Que j'expire à ce prix.

Air : *Simone, la Simone.*

Mais peut-être un promt secours
Sauveroit ses jours.
Un très habile Docteur
Fort à propos s'avance,
Ah! Monsieur l'Opérateur,
Venez en diligence.

SCENE XVI.

DORISTE'E, TYRCIS *évanoui.*
GUILLAUME *Opérateur.*

GUILLAUME.

Air : *J'ai un coquin de frere.*

QUel bruit, quel tintamare!
Pourquoi crier si fort?

DORISTE'E.

Ah, ah, ah! par un coup barbare,
Mon amant voit finir mon sort.

GUILLAUME.

Air : *Vla l'Marchand de bouteill' cassé'.*

Votre Amant à la tét' cassé'!

Voyons s'il eſt trépaſſé.

Air : *Il eſt des Corſaires.*

Ceſſez votre plainte,
Rien n'a bleſſé Tyrcis ;
Sans doute, c'eſt la crainte
Qui ſuſpend ſes eſprits ;
Son cœur encor palpite.

DORISTE'E.

Ah ! quel eſpoir flateur.

GUILLAUME.

La pauv' petite !
Il en ſera quitte
Pour la peur.

DORISTE'E.

Air : *Plus belle que l'aurore.*

Mon cher Monſieur Guillaume,
Daignez le ſecourir ;
Donnez-lui quelque baume,
Sans vous il va mourir.

GUILLAUME.

Oui, je vais agir
J'ai ſoutenu Theſe, on ſçait comme. . .
Et j'ai fait courir. . . .

DORISTE'E.

Hélas ! au lieu de diſcourir,
Mon cher Monſieur Guillaume,

Daignez-le ſecourir,
Donnez-lui quelque baume
Sans vous il va mourir.

GUILLAUME.

Aîr : *Pour paſſer doucement la vie.*

Parbleu, je vais encor trop vîte,
Je pourois vous déſeſpérer,
Si je faiſois chanter ma ſuite
Avant que de rien opérer.

Air : *Robin à des manchettes.*

Prenez cette bouteille,
C'eſt de l'eau ſans pareille,
Dès qu'il va la ſentir,
Tyrcis va revenir.

DORISTE'E.

Tyrcis va revenir?

GUILLAUME.

Air : *Margoton ma mie.*

Je puis le promettre.

DORISTE'E, *à Tyrcis.*

Mon mignon, mon cœur,
Reſpirez cette liqueur
Pour vous, pour vous, pour vous remettre,

GUILLAUME.

Reſpirez cette liqueur

Pour vous remettre en vigueur.

DORISTE'E.

Air : *Dieu des âmes.*

Il respire ,
Il soupire ,
Cher Tyrcis , reprens
Tes sens.

TYRCIS.

Qui m'appelle ?
Ah! c'est elle ,
Je m'anime à ses accens.
Oui ta flame
Me rend l'âme ,
Je te vois & je renais.

DORISTE'E.

Plus de crainte ,
De contrainte.

ENSEMBLE.

Aimons nous & pour jamais.

GUILLAUME.

Air : *Il étoit un Moine blanc.*

Puissiez vous mes chers enfans ,
Toujours être aussi contents ,
Gravement je me retire ,
N'ayant plus rien à vous dire.

SCENE XVII. & DERNIERE.

TYRCIS, DORISTÉE, COLINET.

COLINET, *à Tyrcis.*

Air : *Mon Berger je ne puis sans vous.*

CRoyant t'avoir cassé la tête,
Ton rival s'enfuit ;
Goute l'heureux fruit,
Que l'Amour en ce jour t'apprête :
Nos Pêcheurs ici viennent tous,
Pour en chomer la fête :
Ça morgué, rejouissons-nous,
Et faisons les foux.

DUO.

TYRCIS & DORISTÉE.

Air : *Je vous aimerai de tout mon cœur.*

Nous n'avons qu'une même ardeur,
Respirons les charmes,
D'un bien sans allarmes :
Nous n'avons plus qu'un même cœur,
D'un sort plein de charmes,
Goûtons la douceur.

DORISTÉE.

Si nous versons encor des larmes,
C'est de l'yvresse du bonheur.

ENSEMBLE.

Nous n'avons qu'une même ardeur
Respirons les charmes,
D'un bien sans allarmes :

Nous n'avons plus qu'un même cœur
D'un sort plein de charmes,
Goûtons la douceur.

DIVERTISSEMENT.

Pecheurs, Pecheuses, Bergers & Bergeres.

VAUDEVILLE.

Jeunes pêcheuses sur ces Rives,
Lorsque vous êtes attentives
Pour surprendre un poisson fugitif,
Vous ne songez pas à vous-mêmes,
Et l'amour par ses stratagêmes,
Rendra bientôt votre cœur captif;
Quoique l'on dise, quoique l'on fasse
Il faut tomber dans les piéges d'amour,
Et quand il tend sa nasse,
Chacun s'y prend à son tour.

www.ingramcontent.com/pod-product-compliance
Lightning Source LLC
LaVergne TN
LVHW012011160826
845678LV00002B/776

* 9 7 8 2 3 2 9 6 6 9 5 4 0 *